AF340103

PÉTITIONS

A

L'ASSEMBLÉE NATIONALE

NANTES,

IMPRIMERIE JULES GRINSARD, SUC^r DE M. H. CHARPENTIER

RUE DE LA FOSSE, 32 ET 34.

1871.

PÉTITIONS

A L'ASSEMBLÉE NATIONALE

⸻ ❧ ⸻

I

PÉTITION SUR LA LOI ÉLECTORALE

⸻ ◆ ⸻

Messieurs les Députés,

Le suffrage universel fonctionne dans des conditions qui le font le jouet des partis, des hommes ardents de toutes les opinions. La plupart des électeurs ne connaissent qu'à peine ceux pour lesquels ils votent, s'abstiennent ou déposent dans l'urne des bulletins qui expriment plutôt certaines tendances qu'un acte raisonné. Dans toutes les élections, les listes sont faites par des comités de quelques électeurs qui se délèguent eux-mêmes leurs pouvoirs, par des coteries agissant dans le bureau d'un journal, et qui choisissent des candidats, ou opposés à tout changement par crainte des innovations et des passions politiques, ou plus révolutionnaires qu'hommes de progrès et de réorganisation.

Les gens honnêtes de toutes opinions, même parmi ceux qui sont capables, par apathie, crainte de se compromettre et surtout d'être accusés d'ambition, restent chez eux, se laissent conduire, se bornant le jour du vote, à prendre la liste qu'on a faite pour eux et qui se rapproche le plus de leur manière de voir.

Je demande, Messieurs les Députés, que vous tentiez un effort, pour enlever le suffrage universel aux funestes influences qui s'exercent autour de lui, en fondant des institutions, qui fassent un devoir à tous les électeurs, de se réunir, pour choisir eux-mêmes sinon leurs candidats, du moins des électeurs chargés de cette mission qui aient toute leur confiance.

Dans cet esprit, je prends la liberté de proposer à votre attention les mesures suivantes.

ÉLECTIONS AU CONSEIL MUNICIPAL.

Les élections municipales se font au scrutin de liste, par le suffrage universel direct.

Toutes les villes ayant plus de 4,000 habitants, sont divisées par le Conseil municipal terminant ses fonctions, en circonscriptions, formant un ensemble continu de rues, et contenant au plus 3,000 habitants.

Une salle de vote et de réunion est attribuée pendant la période électorale à chaque circonscription.

La liste par circonscriptions de tous les électeurs de la commune est affichée trois semaines avant les élections, à la mairie; celle de la circonscription est mise en évidence sur la porte extérieure et à l'intérieur de la salle affectée à cette circonscription.

Chaque électeur reçoit, en même temps que sa carte de vote, une convocation pour assister le dimanche qui précède l'élection, à une réunion électorale de tous les électeurs de sa circonscription, sous la présidence provisoire d'un électeur choisi par la mairie (1).

Quand la réunion est constituée, elle choisit un président et deux secrétaires par assis et levé, et parmi les électeurs de la circonscription, un certain nombre de délégués, pour former avec ceux des autres circonscriptions, une liste de candidats proposés aux électeurs.

Pour nommer ces délégués, le bureau prend les noms de ceux qui sont proposés par dix électeurs au moins, et sur la liste ainsi formée, les électeurs présents choisissent au scrutin secret, le nombre des délégués déterminé par la loi.

Les délégués ainsi nommés se réunissent, dès le lendemain, préparent d'abord une liste de tous les candidats proposés par trois délégués au moins et arrêtent ensuite au scrutin secret parmi tous les noms portés, la liste des candidats proposés au électeurs pour le Conseil municipal.

La liste qui sort de ce vote prend le nom de liste des délégués de la commune.

Toute autre liste ne peut prendre ce titre, ni indiquer le

---

(1) On peut être certain qu'une réunion ainsi constituée attirera un certain nombre d'électeurs. Les autres réunions étaient généralement impossibles à cause du tumulte, de la pression intolérante et tapageuse de meneurs. Les gens honnêtes y assistaient peu. Une circonscription de 3,000 habitants, comptera environ 300 électeurs. Nous espérons qu'un tiers répondra dès maintenant à une convocation qui deviendra un devoir.

nombre des voix de minorité obtenu par chacun des candidats ; mais par les journaux, affiches spéciales, ces indications peuvent être données, en faisant connaître le nombre de votants.

Nous proposons les nombres suivants de délégués, d'après l'importance des communes :

Habitants		Circonscription	Délégués	Conseillers
500 habitants et au-dessous.		Une seule circonscrip.	5 délégués	10 conseillers.
500	à 1,000	Une seule circonscrip.	7 —	12 —
1,000	à 2,000	Une seule circonscrip.	9 —	16 —
2,000	à 3,000	Une seule circonscrip.	11 —	20 —
3,000	à 6,000	2 circonscriptions		
6,000	à 9,000	3 —		24 —
9,000	à 20,000	Une circonscription par 3.000 hab.	6 délégués par circonscription.	28 —
				30 —
20,000	à 50,000	Une circonscription par 3.000 hab.	6 délégués par circonscription.	36 —
50,000	à 100,000	Une circonscription par 3.000 hab.		40 —
100,000	à 150,000	Une circonscription par 3.000 hab.		44 —
150,000 et au-dessus.		mode réservé.		48 —

A Paris, le vote se ferait dans chaque arrondissement, nommant trois ou quatre conseillers, et au moyen de circonscriptions de 3,000 électeurs au plus, pour former la liste des délégués (1).

Le Conseil municipal de Paris choisirait son maire, qui serait le maire de Paris, et deux adjoints.

Il nommerait au scrutin secret un maire et deux adjoints pour chacun des vingt arrondissements.

Ces fonctions seraient incompatibles avec celles de membre du conseil municipal.

Les vingt maires des vingt arrondissements auraient voix

---

(1) Les électeurs conservent toujours le droit d'organiser comme ils l'entendront d'autres réunions électorales

consultative au Conseil municipal, ainsi que les députés de Paris.

Le budget de la ville de Paris serait voté par le Conseil municipal, et soumis par chapitres au vote de l'Assemblée nationale; mais le Conseil aurait le droit, après annulation de l'Assemblée, de maintenir ses décisions.

Les frais d'impression, des copies de liste de candidats au Conseil municipal seraient supportés par la commune : 1° pour la liste des délégués; 2° pour les listes appuyées : par 20 électeurs pour les communes au-dessous de 1,000 habitants, par 30 électeurs pour celles ayant moins de 3,000 habitants, par 50 pour celles de 3,000 électeurs et au-dessus.

Le Conseil municipal reçoit les pétitions des électeurs, concernant les intérêts communaux.

Il peut y avoir une réunion mensuelle dont huit de deux jours au plus, et quatre de dix jours au plus.

La dernière, pour les grandes villes, serait plus longue pour arrêter le budget.

Les secrétaires rédigent un résumé des séances, avec les noms des conseillers ayant pris part aux votes.

Le Conseil choisit son maire et ses adjoints, ainsi que son secrétaire, au scrutin secret.

Le Conseil peut se réunir en séances secrètes, sur la demande d'un tiers des membres présents.

CONSEILS CANTONNAUX

Ces conseils sont formés de membres nommés par les communes par le suffrage au second degré.

Chaque commune envoie au Conseil cantonnal, outre son

maire, un conseiller cantonnal par 500 habitants, choisi, soit dans le sein du Conseil municipal, soit en dehors, par le Conseil municipal lui-même.

Le membre du Conseil général du canton est de droit membre du Conseil cantonnal.

Entr'autres attributions à donner à ce Conseil, nous signalerons les suivantes :

Classement et entretien des chemins vicinaux reliant les différentes communes; — dépôts d'étalons, de taureaux, d'animaux modèles de reproduction, réclamés par l'agriculture; — rapports au Conseil général : sur les besoins industriels, commerciaux, agricoles du canton; sur les chemins départementaux, les routes nationales qui le traversent, les projets de nouvelles voies de communication et de navigation; l'état des propriétés départementales et nationales, l'état de l'enseignement; — nominations de Commissions pour inspecter les écoles communales; — bourses pour les écoles primaires de degrés supérieurs et les colléges communaux; — bibliothèque communale; — encouragements à accorder aux instituteurs et aux élèves, ainsi qu'à l'agriculture par l'intermédiaire des comices; — formation de la liste du jury; — vote d'un budget concernant les intérêts du canton. Il y aurait deux réunions par an, dont l'une avant la grande session du Conseil général. Le Conseil nommerait son bureau.

Les Conseils d'arrondissement seraient supprimés.

CONSEIL GÉNÉRAL.

Le Conseil général se compose d'autant de membres qu'il y

a de cantons dans le département, et de tous ses députés (1).
Il nomme son président, son vice-président et son secrétaire.
Nous pensons qu'il devrait y avoir deux sessions par an à
un mois d'intervalle, l'une pour préparer le travail, recevoir
le projet de budget, les rapports du préfet, et du conseil can-
tonal. Les attributions de ce Conseil seraient augmentées, de
manière à produire une sérieuse décentralisation. Les élections se feraient immédiatement après celles des conseillers
municipaux (quinze jours après).

Les délégués pour les élections municipales du canton,
pris dans chaque commune, à raison de 1 délégué par
500 habitants, et choisis par les délégués eux-mêmes, se
réunissent au chef-lieu de canton, avec les maires et adjoints
des communes, pour proposer un candidat au Conseil général. Ce candidat prend le nom de candidat des communes.

Les frais d'impression de bulletins de vote du candidat des
communes, et de tout candidat appuyé par 100 électeurs,
sont à la charge du canton; mais chaque candidat s'occupe
de la distribution de ses bulletins. Le vote se fait à la commune.

ASSEMBLÉE NATIONALE.

Tout département est divisé par le Conseil général en autant de circonscriptions que ce département compte 50,000
habitants. Toutefois il y aurait un député de plus, si le dé-

----

(1) Il importe que les députés soient au courant de toutes les affaires
de leur département

partement compte un certain nombre de fois 50,000 habitants et plus de 25,000.

Les circonscriptions devront former un ensemble continu de communes.

Chaque circonscription nomme un député à l'Assemblée nationale.

Le vote a lieu au chef-lieu de chaque commune et par circonscription.

Un Comité électoral est formé :

1° Des délégués des communes, à raison de 1 délégué par 500 habitants, choisis par les délégués eux-mêmes de chaque commune ;

2° Les membres des différents Conseils municipaux des communes ;

3° Les membres du Conseil général des cantons intéressés.

Ce Comité se réunit dans la ville la plus populeuse de la circonscription, et choisit un candidat qui prend le nom de candidat de la circonscription.

Les différents candidats sont invités à se présenter devant ce Comité.

Les frais d'impression des bulletins de vote du candidat de la circonscription, et de tout autre appuyé par 500 électeurs, sont payés par le département.

Chaque candidat se charge de la distribution des bulletins de vote.

La durée des pouvoirs des conseils municipaux, cantonnaux, généraux et de l'Assemblée nationale sont de six ans.

Après la période électorale, les délégués perdent leur titre et leurs pouvoirs.

La période électorale cesse après les réélections à l'Assemblée nationale.

En cas d'élection partielle, dans chaque circonscription appelée à nommer un député, on choisit comme il a été dit de nouveaux délégués, se réunissant aux conseils municipaux et aux membres des conseils généraux en exercice pour désigner le candidat de la circonscription.

Les mesures que je propose ne nuisent en rien à la liberté électorale; elles organisent des réunions dans lesquelles tous les électeurs se connaîtront, où il régnera la plus grande liberté, où la voix de personne ne sera étouffée. Elles opèrent comme si les élections se faisaient au second degré, en laissant le dernier mot au suffrage universel, et toute latitude aux autres réunions.

Nantes, 6 avril 1871.

C. BEAUSSIRE.

II

PÉTITION

SUR L'ORGANISATION DE L'ARMÉE.

***

MESSIEURS LES DÉPUTÉS,

J'ai l'honneur de soumettre à votre haute appréciation quelques idées que je crois utiles, se rapportant à l'organisation de l'armée.

La classe de 1867 comptait 292,750 inscrits; celle de 1866, 312,078 (1).

Pour obtenir des contingents de 100,000 hommes, on dut en 1868 examiner 180,094 inscrits, et en 1867, 192,930.

Si la loi appelle sous les drapeaux 100,000 hommes, il ne faut pas compter sur ce chiffre d'hommes présents dans les armées. Il faut en déduire les inscrits maritimes, les membres de l'instruction publique, les élèves des grands sé-

---

(1) Tous nos chiffres sont empruntés au Rapport du maréchal Lebœuf, sur le recrutement de l'armée en 1868.

minaires, les omis et absents, et enfin 2 pour 100 qu'on laisse dans leurs foyers comme soutiens de famille.

En 1868, l'appel de 100,000 hommes se réduisit à 90,264 et en 1867 à 91,543, soit en moyenne 90,903, que nous réduirons à 90,000 par suite des congés accordés chaque année.

Sur ces 90,000 hommes, la marine en appelait 8,000, l'armée de terre prenait donc par an 82,000 hommes.

La force armée se composant de 9 classes, dont 4 pour la réserve, l'armée devait contenir 738,000 hommes.

Mais il faut en retrancher ceux qui meurent chaque année de mort naturelle, dont le nombre s'élève en moyenne pour les 9 classes à 42,000 hommes.

L'armée, en ne tenant pas compte du corps des officiers, des engagements volontaires, serait donc, sous la législation de 1866, de 696,000 hommes.

Si la guerre avait éclaté en 1877, telle aurait été la force de la France; mais cette armée n'aurait pu être mise immédiatement en ligne. Il faut en retrancher la classe de 1876, soit 82,000 hommes au moins, 60,000 soldats en Algérie, les troupes employées à l'intérieur et au service des places, que nous ne pouvons pas compter pour moins de 50,000, et enfin les malades, au moins 10,000. On aurait donc eu 493,000 soldats, dont la moitié dans leurs foyers.

Nous aurions pu opposer à l'ennemi une première force de 187,000 hommes appuyée de 307,000 hommes de réserve, et d'une classe en formation qui aurait permis de détacher de bonnes troupes de l'Algérie et de l'intérieur.

Il est vrai qu'il faudrait ajouter la garde mobile, instituée par la même loi de 1868.

En 1868, elle avait fourni 119,000 jeunes gens, soit 120,000. La durée du service étant de 5 ans, cela donne une force qui paraît assez imposante de 600,000 hommes, se réduisant par les cas de mort naturelle à 580,000.

Ces 580,000 hommes auraient apporté un appoint considérable, non par leur science militaire qui aurait été nulle, mais par leurs fusils, si on les avait armés sérieusement d'armes nouvelles, ou si seulement les arsenaux avaient été pleins.

Quelle instruction militaire pouvait-on espérer dans cette garde mobile se réunissant au plus quinze jours par an, et devant trouver dans une journée, le temps de se rendre souvent à deux ou trois lieues pour suivre leurs exercices et revenir dans leurs foyers. Quelle autorité auraient eu ces officiers, ignorant pour la plupart leur métier? Quelle action auraient exercé les chefs de bataillon dont beaucoup trouvaient plutôt une occasion d'émarger des traitements sans rien faire, que de se rendre utile au pays? Les cafetiers, cabaretiers, y auraient gagné; les jours d'exercice auraient été des jours de plaisir, de bombance, mais l'instruction militaire n'aurait rien eu à en attendre.

On s'est demandé quelle était la force que le maréchal Lebœuf avait à opposer à la Prusse. L'Assemblée peut connaître maintenant la vérité. Mais si le ministre avait pris connaissance du rapport qu'il a signé en 1869, il ne se serait pas trompé lui-même, n'aurait pas trompé le pays, et aurait pu éviter les désastres de la guerre de 1870.

Ce rapport fait connaître la situation au 1ᵉʳ janvier 1869. Supposons que la guerre ait éclaté en juillet 1869 et voyons la situation.

Au 1er janvier 1869, l'armée était de 416,517 soldats, de 17,482 officiers et de 7,438 employés d'état-major, d'intendance, vétérinaires, en tout 441,437 hommes. Au 1er juillet 1869, 33,692 soldats auraient été remplacés par 82,000 recrues et l'armée aurait compté 489,745 hommes.

Mais pour l'armée à mettre en campagne, il faut en déduire les gagistes, l'intendance, les malades et les recrues, environ 108,000 hommes, et pour la première action, les troupes d'Algérie (65,000 hommes), celles de l'occupation romaine (5,000), et au moins 50,000 hommes pour le service de l'intérieur, soit 120,000 hommes.

Le maréchal Lebœuf aurait donc eu en juillet 1869 pour commencer la guerre 266,000 hommes appuyés de 120,000 de bonnes troupes pouvant être relevées au fur et à mesure par la réserve qui était de 118,641 soldats ayant 5 mois de service, et de 28,130 ayant servi 5 ans, et par les recrues de l'année, 82,000 hommes, en tout 228,771 dont seulement, au bout de 2 mois, 120,000 auraient pu agir utilement.

La garde mobile sans cadres, sans armes, sans instruction, était de 415,000 hommes.

On comptait sur l'impétuosité française; certes, elle n'a pas manqué; mais que pouvait-on faire avec une armée aussi réduite, et avec une artillerie incapable de lutter avec celle de la Prusse?

PROJET D'ORGANISATION MILITAIRE.

Nous le divisons en trois parties: Organisation militaire. — Organisation d'un travail utile aux armées. — Organisation de l'instruction publique dans les camps.

I. — ORGANISATION MILITAIRE.

Tous les jeunes gens aptes au service militaire ayant 20 ans accomplis, avant le 1er janvier de chaque année, sont appelés sous les drapeaux.

Si on en retranche les inscrits maritimes, les absents ou omis, les membres de l'instruction publique, les élèves des grands séminaires et de tous les cultes, cinq pour cent que nous proposons de laisser dans leur famille comme soutiens, on trouve, en tenant compte des populations si patriotiques et si militaires de l'Alsace et d'une partie de la Lorraine qui nous sont enlevées, que le contingent net sur lequel on peut compter est d'environ 145,000 hommes.

Nous proposons de diviser chaque appel en trois parties : — la marine, le contingent d'une armée permanente, et la réserve.

La loi détermine chaque année les contingents de la marine et de l'armée permanente.

La durée du service militaire est de six ans pour la marine et l'armée permanente, et de 6 ans également pour la réserve, dont 16 mois dans des camps ou villes spéciales de garnison, et le reste dans leurs foyers.

Chaque année au mois de janvier on procède d'abord à

l'examen de tous les hommes constituant la classe. Tous ceux qui sont reconnus bons pour la guerre, sont soumis à un tirage au sort. Les premiers numéros appartiennent à la marine et à l'armée permanente, et les autres à la réserve.

Le remplacement est autorisé dans la marine et l'armée permanente, mais tout homme remplacé, entre dans la réserve.

Si nous admettons une armée permanente de **180,000** hommes, pour former un noyau de bonnes troupes auxquelles se joindront les réserves en cas de guerre, et nécessaire d'ailleurs pour maintenir l'ordre et conserver les colonies, le contingent de l'armée permanente sera de **30,000** hommes.

Supposons que l'appel de la marine soit de **8,000** hommes.

Nous aurons ainsi en tenant compte des morts naturelles :

Une marine de **46,200** hommes renforcée des inscrits maritimes.

Une armée permanente de 172,000 hommes dont 30,000 recrues.

Une armee de réserve de 618,000 dont 107,000 recrues.

En tout, 790,000 hommes, au lieu de 696,000 que donnait la loi de 1868.

Chaque classe est mise à la disposition de l'autorité militaire le 1er novembre. (Ce mode a l'avantage de réduire le service à une année entière et une saison d'hiver).

Pendant la période d'instruction, un certain nombre de soldats sont appelés aux grades de sous-officiers et officiers. Les grades d'officiers sont : sous-lieutenants en premier, en second et en troisième, faisant fonction de capitaines, de lieutenants et de sous-lieutenants.

Les sous-officiers et officiers font avec des officiers de l'armée permanente, l'instruction des deux classes dans les camps d'instruction. Ils ont une solde spéciale de beaucoup inférieure à celle de l'armée permanente.

Tout sous-lieutenant en troisième peut conserver son grade dans l'armée permanente, en restant dans les camps d'instruction, trois ans après sa nomination. Tout sous-lieutenant en second peut de même passer sous-lieutenant dans l'armée permanente deux ans après sa nomination, et tout sous-lieutenant en premier un an seulement. Ils profitent naturellement des promotions de classe qu'ils peuvent recevoir. On peut également leur accorder des facilités pour entrer à l'école spéciale militaire.

A leur rentrée dans leurs foyers, tous les jeunes soldats, sous-officiers et officiers forment un bataillon.

Tous les bataillons de réserve sont soumis chaque année à un mois de service, sous la direction de leurs officiers, d'officiers de l'armée permanente, du général du département, de son état-major et des officiers spéciaux du département.

La réserve peut être appelée en totalité ou par classe à servir dans l'armée active, par décret du chef du pouvoir exécutif, soumis à une ratification de l'Assemblée dans les quinze jours de la promulgation du décret. Dans chaque département des compagnies et des bataillons de réserve peuvent être mis à la disposition du préfet et de l'autorité militaire, pour des mesures d'ordre public, et par décret du pouvoir exécutif sauf également ratification de l'Assemblée dans un délai de quinze jours.

Les corps de réserves ne reçoivent de solde que pendant le temps d'activité.

En cas de guerre les bataillons de réserve peuvent être dissous, et les soldats sous-officiers et officiers être incorporés dans les régiments de l'armée permanente, avec tous les avantages, attribués à ces corps, mais les officiers seulement avec les grades de sous-lieutenants et lieutenants.

Tous les jeunes gens ayant terminé leur temps soit dans l'armée permanente, soit dant la réserve, rentrent dans les gardes nationales et ne sont soumis à aucun service spécial, mais pendant quatre ans encore, constituent la seconde réserve et sont divisés en huit bans ; les quatre premiers comprenant les célibataires et veufs sans enfants, les quatre derniers les hommes mariés et veufs ayant des enfants. Ils ne peuvent être appelés à l'activité que par une loi et par bans. Ils sont traités sous le rapport de leurs grades comme ceux de la première réserve. Ils sont soumis de nouveau à un conseil de révision, et 5 °/₀ sont exemptés comme soutiens de famille.

Cette seconde réserve donne une force d'environ 500,000 hommes, dont 150,000 environ auront servi 6 ans et le reste 16 mois. Elle ne peut être appelée qu'après appel, par anticipation de 2 classes.

Nous aurons par ce projet :

Une armée permanente de..........	142,000	} 172,000	
Recrues...........	30,000		
Une première réserve de..........	511,000	} 618,000	1,580,000 hommes. Sans compter une partie
En formation....	107,000		des cadres, l'intendance, la gendarmerie,
Anticipation de deux classes.......	290,000	} 790,000	et les engagés volontaires et les officiers (1).
Seconde réserve..	500,000		
Une marine de...	60,000 h. environ avec les inscrits maritimes.		

(1) Pour faciliter l'instruction militaire des classes, nous voudrions que dans les écoles primaires, un ancien soldat soit chargé d'apprendre les

Charges de ce projet comparées à celles de la loi de 1868.

Nous aurons à équiper 145,000 soldats et marins par an au lieu de 90,000 et de 120,000 gardes mobiles. Ces derniers sont à la charge des communes et des départements, mais ce sont toujours les contribuables qui paient. L'entretien des soldats a lieu pendant cinq ans, tandis que nous ne conservons 107,000 hommes que 16 mois. Nous aurons sur ce chapitre une diminution notable.

Nous avons à nourrir et à payer 107,000 hommes pendant un an, 107,000 pendant quatre mois, 404,000 pendant un mois, 172,000 pendant un an, en tout 348,000 hommes pendant un an au lieu de 415,000 (nous tenons compte du service des mobiles). Les conditions de solde seront en outre moins élevées. Sous ce rapport, l'économie sera considérable.

Au point de vue du mariage, en l'autorisant à l'entrée dans la réserve, mais l'interdisant dans les 6 ans de service de l'armée permanente et de la marine, nous reculons de 16 mois le mariage de 107,000 hommes et de 6 ans celui de 38,000 ou, ce qui revient au même, nous empêchons 370,666 années de mariage. La loi de 1868 en ôtait 540,000 et encore sur les 370,666 que nous enlevons 142,666 se rapportent à des jeunes gens de moins de 23 ans.

La distinction établie entre les hommes mariés et les célibataires de la seconde réserve, poussera au mariage.

---

divers mouvements et marches du soldat aux enfants ; que dans chaque commune un ou plusieurs instructeurs apprennent aux jeunes gens ayant plus de 17 ans, le maniement du fusil.

Nous reconnaissons que notre projet fausse la principe d'égalité, en ne faisant pas la loi la même pour tous.

Aussi ne nous sommes-nous décidé qu'à regret à cette monstrueuse inégalité.

Si l'on voulait conserver tout le monde sous les drapeaux, sans faire souffrir les intérêts du pays, sans compromettre sa sécurité devant l'Europe semi-barbare qui nous épie, il faudrait exiger un service militaire de trois ans.

Ce nouveau mode entraînerait une armée de 401,000 hommes, au lieu de 314,000 que nous proposons, ce qui augmenterait sensiblement les charges du pays.

D'autre part la question est celle-ci :

Vaut-il mieux garder 137,000 hommes pendant 3 ans que d'en conserver 107,000 pendant 16 mois, et 30,000 pendant 6 ans?

D'un côté, nous augmentons de 20 mois le service de 107,000 hommes.

De l'autre, nous diminuons de 36 mois celui de 30,000 hommes. La différence est une augmentation de près de 8 mois pour le contingent de 137,000 hommes, aussi notre projet, en conservant une armée permanente, a l'avantage sur l'autre, d'enlever au pays une charge qui équivaut à une prolongation de 8 mois de service, imposée à une classe entière. Cette considération jointe à la raison d'économie, a fait taire nos scrupules. Nous sommes convaincu que si, avant le tirage, on donnait à choisir entre notre plan et un service obligatoire de trois ans, la grande majorité, si elle ne considérait que son avantage, préférerait notre système.

Enfin observons que la situation des réserves et de l'armée permanente, ne diffère à proprement parler que pour le temps de paix, car dès qu'une guerre aura lieu, la réserve sera appelée à l'activité.

Toutefois, pour les troupes de l'Algérie, cette observation n'a plus lieu. Aussi nous proposerions pour en atténuer les effets :

1° Que tout jeune soldat, compris dans la réserve, qui s'engage dans l'armée permanente, détermine le passage de l'armée permanente dans la réserve de celui de son canton et de sa classe qui a le dernier numéro de ceux qui font partie de l'armée permanente.

2° Que les engagés volontaires soient tous dirigés sur l'Algérie.

Des auteurs ont proposé de former l'armée permanente au moyen des volontaires. Nous ne pensons pas que les engagements soient suffisants, et dans tous les cas, les mesures que nous proposons réaliseront dans cet ordre d'idées tout ce qu'il est possible de faire.

Enfin pour diminuer l'inégalité, il conviendrait, comme nous l'avons dit, que la solde de l'armée permanente soit plus élevée que celle de la réserve.

II. — ORGANISATION D'UN TRAVAIL UTILE AUX ARMÉES.

Parmi les 150,000 exemptés, il en est un certain nombre qui, s'ils ne sont pas aptes au service militaire, sont cependant capables de diminuer les charges du pays en travaillant d'une manière utile pour l'armée. N'est-il pas juste de leur demander une année de leur temps, lorsqu'ils sont dispensés de six ans de service et de l'impôt du sang. Nous pensons, d'après l'examen du nombre d'exemptés parmi les exemptions provenant: de myopie, strabisme, pertes de dents, bégaiement, hernies, maladie des organes génito-urinaires, varices, pieds plats, faiblesse de constitution; qu'on peut compter sur au moins 30,000 hommes de cette catégorie.

Tous les jeunes gens exemptés de chaque classe, aptes à un travail utile à l'État, sont mis chaque année à la disposition des ministre de la guerre et de la marine.

Il est établi dans le voisinage de chaque camp, des ateliers de couture, de sellerie, des fabriques d'armes, des fonderies de canon, des exploitations agricoles, auxquels seront employés les jeunes gens de chaque classe aptes au travail, et par escouades un certain nombre de soldats quelques heures par semaine. Les jeunes gens n'ayant pas d'état seront utilisés dans des travaux de déblais ou de remblais, ou s'ils en sont capables à des écritures dans les bureaux de l'administration des camps. Le travail sera fait à façon, soit pour chaque homme, soit par escouades d'hommes.

Les hommes de travail sont payés, après défalcation de leurs dépenses, par la moitié de la valeur des objets fabriqués. Ainsi un travail de 3 fr. fait en un jour, si l'entretien de l'ouvrier est de 1 fr., donne droit à 1 fr. pour l'ouvrier et 1 fr. pour l'État.

Le travail des soldats est volontaire. Toutefois ils prennent, en arrivant au camp, et chaque année dans l'armée permanente, l'engagement de prendre part ou non au travail organisé; mais ils ne sont pas dispensés des corvées et travaux qui incombent ordinairement aux soldats et pour lesquels ils ne reçoivent aucun salaire, en dehors de leur solde ordinaire.

Le travail de tout soldat est payé intégralement de sa valeur. Une partie lui est remise, et une autre placée à une caisse spéciale, lui est donnée à sa sortie de l'armée.

Les ouvriers et soldats peuvent faire remettre à leurs familles et sans frais la moitié de ce qu'ils gagnent.

Les hommes employés dans les administrations reçoivent un traitement fixe, qui ne peut dépasser 500 fr. par an.

Nota. — Ce système aura l'avantage de diminuer les charges de l'État, d'habituer les classes ouvrières à un travail qui concerne les besoins de l'armée, et pour les soldats de leur assurer quelques ressources, et de ne pas leur faire perdre l'habitude de leur état. Pour les agriculteurs, dans des exploitations bien dirigées, sans être cependant organisées d'une manière coûteuse, ils apprendront de bonnes méthodes, qu'ils rapporteront ensuite dans leurs foyers et qui contribueront à faire sortir notre agriculture de l'ornière dans laquelle elle se traîne.

III. — DE L'INSTRUCTION DANS LES CAMPS ET VILLES DE GARNISON.

En appelant tous les hommes aptes au service militaire, ou utiles aux armées, nous aurons dans les camps des jeunes gens ne sachant ni lire ni écrire, un grand nombre ne possédant qu'à peine l'instruction primaire, des ouvriers instruits, des jeunes gens ayant fait leurs études, et voulant les compléter. Il importe que les uns reçoivent largement l'instruction qui leur manque, et que les autres ou complètent leur instruction, ou commencent déjà les études qu'ils veulent poursuivre. D'ailleurs le travail intellectuel sera un élément puissant de combattre la décadence vers laquelle nous sommes entraînés.

Sur les 292,750 hommes formant la classe de 1867, 60,188 ne savaient ni lire ni écrire, 6,997 savaient lire seulement, et 218,846 savaient lire et écrire. La proportion était analogue en 1866.

Nous avons admis les cas d'exemption des lois de 1832 et 1838, en exceptant celle qui se rapporte à la taille. Toutefois, nous proposons les modifications suivantes :

1° Tous les membres de l'instruction publique, instituteurs, frères congréganistes, membres de l'enseignement secondaire, élèves des écoles normales primaires et de l'École normale supérieure de Paris, tous les élèves des grands séminaires et des différents cultes, tous les étudiants en médecine, sont dispensés du service militaire (nous les avons déduits dans nos calculs). Mais ils devront, avant vingt-six ans révolus, passer une année entière dans des camps ou villes désignés par le ministre, pour y être employés à l'instruction, ou dans les ambulances, ou dans le service des cultes.

Au reste, reconnaissons que les membres du corps enseignant et du clergé n'ont jamais reculé devant des devoirs à remplir. Et quels services sont plus utiles que ceux que nous demandons?

L'instruction primaire de degré élémentaire et de degré supérieur est gratuite. Les membres appelés à ce travail reçoivent la solde des sergents-majors des camps.

L'instruction secondaire est payée par ceux qui la suivent, la moitié des honoraires revient à l'État et l'autre aux professeurs. Les professeurs de l'enseignement secondaire, non agrégés ou docteurs, laïques ou prêtres, reçoivent la solde de sous-lieutenants des camps. Les professeurs agrégés ou docteurs, les aumôniers reçoivent celle de sous-lieutenants de l'armée permanente.

Les membres de l'enseignement secondaire doivent en outre gratuitement 1° des cours aux membres de l'enseignement primaire et aux jeunes gens qui veulent se préparer à l'École militaire; 2° des conférences et des cours spéciaux.

Les médecins officiers de santé sont employés comme aides-major, et ont la solde des sous-lieutenants.

Les médecins-docteurs servent comme chirurgiens militaires, et ont la solde des lieutenants. Ils doivent en outre faire un cours de clinique, et les cours correspondant à l'enseignement des deux premières années des écoles secondaires de médecine.

Dans l'un des camps, l'État organise un enseignement du droit correspondant aux deux premières années de cet enseignement, ainsi que des cours préparant aux Écoles polytechnique et normale supérieure.

Les étudiants en médecine qui ne sont pas reçus à vingt-six ans, les élèves des séminaires qui renoncent à la prêtrise, les membres de l'enseignement qui ne remplissent pas l'engagement décennal, entrent selon leur numéro dans la réserve ou l'armée permanente.

Des cours de stratégie, de fortification, d'art militaire, de géographie, etc., seraient institués par le ministre de la guerre, de manière à répandre largement l'instruction militaire dans l'armée, et surtout parmi les officiers et sous-officiers d'élite. — On ferait faire également des conférences sur les droits et devoirs des citoyens, sur l'industrie et l'agriculture.

Les jeunes soldats choisissent entre l'enseignement laïque et l'enseignement ecclésiastique pour l'instruction primaire et l'instruction secondaire.

Notre projet, en mêlant toutes les classes, fera naître entre elles des sympathies naturelles, moralisera toute la société par un travail utile, par son instruction largement répandue, régénérera le pays, et contribuera, nous l'espérons, à nous relever de la décadence dans laquelle nous sommes tombés.

Nantes, le 8 avril 1871.

C. BEAUSSIRE.

896 — Nantes, Imp. Jules Grinsard, succ. de M. Charpentier.